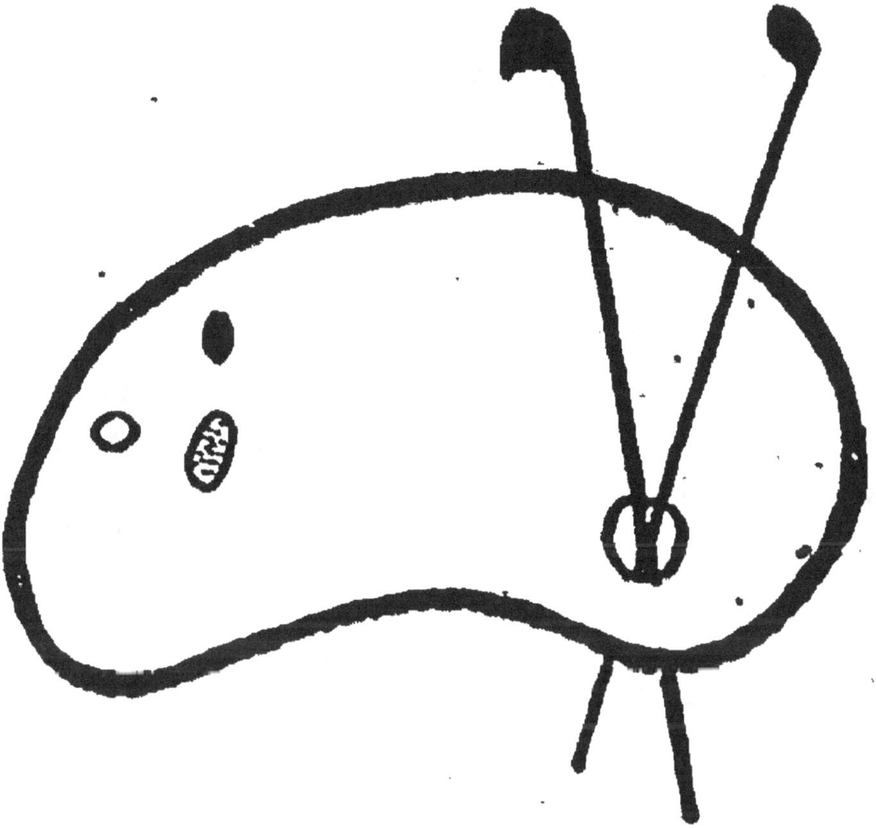

DEBUT D'UNE SERIE DE DOCUMENTS
EN COULEUR

CATALOGUE
DES
OBJETS D'ART

De Curiosités, Meubles de style gothique,
renaissance et Louis XIV, Armes et Armures, Faïences
Della Robbia, Bernard Palissy, Dorures, Bronzes,
Tableaux et Dessins, etc., etc.,

Qui composent le Cabinet et le Mobilier de feu M. IRISSON.

Auxquels on a joint le Cabinet d'Armes et Armures
de M. le C¹ᵉ de ***

DONT LA VENTE AURA LIEU

LES JEUDI 14, VENDREDI 15 ET SAMEDI 16 MARS 1850,
heure de midi,

RUE D'ANTIN, N. 10,

Par le ministère de Mᵉ **HONNEFONS DE LAVIALLE**,
Commissaire-Priseur, rue de Choiseul, 11,
Assisté de M. **ROUSSEL**, pour les Curiosités,
Et de M. **DEFER**, pour les Tableaux Dessins et Gravures,
Lesquels seront vendus le Mercredi 20 Mars.

EXPOSITION PUBLIQUE
Les Mardi 12 et Mercredi 13 Mars 1850, de midi à 4 heures.

PARIS
IMPRIMERIE ET LITHOGRAPHIE DE MAULDE ET RENOU,
Rue Bailleul, 9-11, près du Louvre.

1850.

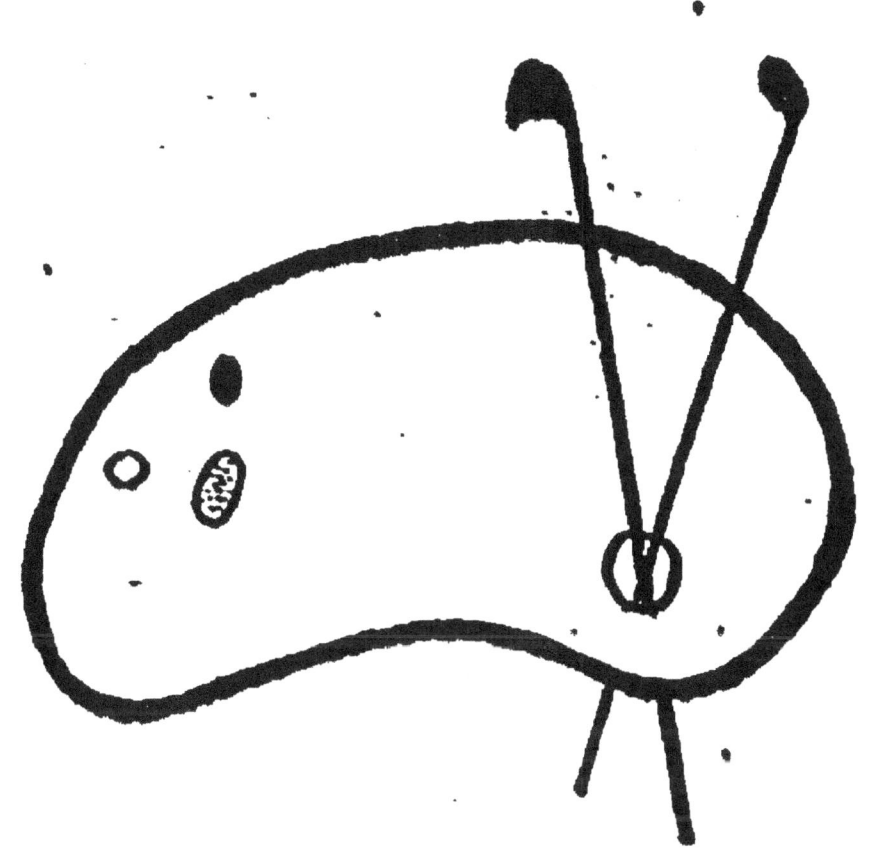

FIN D'UNE SERIE DE DOCUMENTS
EN COULEUR

CATALOGUE
DES
OBJETS D'ART

De Curiosités, Meubles de style gothique,
renaissance et Louis XIV, Armes et Armures, Faïences
Della Robbia, Bernard Palissy, Dorures, Bronzes,
Tableaux et Dessins, etc., etc.,

Qui composent le Cabinet et le Mobilier de feu M. BRISSON,

Auxquels on a joint le Cabinet d'Armes et Armures
de M. le Cte de ***

DONT LA VENTE AURA LIEU

LES JEUDI 14, VENDREDI 15 ET SAMEDI 16 MARS 1850,

heure de midi,

RUE D'ANTIN, N. 10,

Par le ministère de Me BONNEFONS DE LAVIALLE,
Commissaire-Priseur, rue de Choiseul, 11,

Assisté de M. ROUSSEL, pour les Curiosités,
Et de M. DEFER, pour les Tableaux Dessins et Gravures,
Lesquels seront vendus le Mercredi 20 Mars.

―――◆―――

EXPOSITION PUBLIQUE
Les Mardi 12 et Mercredi 13 Mars 1850, de midi à 4 heures.

――――――

PARIS

IMPRIMERIE ET LITHOGRAPHIE DE MAULDE ET RENOU,
Rue Bailleul, 9-11, près du Louvre.

1850.

ORDRE DE VACATION.

Le Jeudi 14, Vendredi 15 et Samedi 16 Mars pour les Curiosités et Meubles.

Et le Mercredi 20 Mars pour les Tableaux et Dessins

CONDITIONS DE LA VENTE.

Expressément au comptant.

Les acquéreurs paieront, en sus des adjudications. 5 centimes par franc, applicables aux frais.

DÉSIGNATION
DES OBJETS.

ANTIQUITÉS.

1 — Tête votive en terre cuite, trouvée à Pæstum en 1827, dans les fouilles faites par M. Beugnot.
2 — Urne funéraire avec couvercle, en albâtre rubané, les deux anses évidées et prises dans la masse. Trouvé près de Die, département de la Drôme.
3 — Bridon en bronze couvert d'une belle patine verte, trouvé près de Rome, dans les fouilles faites par M. Beugnot.
4 — Mors en bronze dépourvu de sa patine, trouvé à Pompéïa, le jour de la prise de Capri, donné par Murat au général Lamarque.

TERRES CUITES.

5 — Le buste de Côme de Médicis enfant, représenté en Saint-Jean, provenant du Palais Pitti.

6 — Deux bacchantes dansant, tenant l'une des cymbales et l'autre un tambour de basque.

Charmantes et belles terres cuites de Sigisbert.

MARBRE.

7 — Beau buste en marbre de Carare, de la Vénus de Canova, par Pampaloni de Florence.
8 — Autre buste en marbre de Carare, la Béatrice du Dante.

SCULPTURES EN BOIS ET EN IVOIRE.

9 — Beau peigne en bois sculpté et découpé à jour, portant une devise en langue espagnole, travail d'une grande finesse du XV° siècle.
10 — Autre peigne du même travail.
11 — Cuiller et fourchette en bois, dont les manches se terminent par de petits bustes.
12 — Une quenouille, travail de tour.
13 — Croix byzantine en bois sculpté, offrant des sujets tirés de la passion et les évangélistes, travail très fin, dans sa monture en argent émaillé, portant des inscriptions en caractères grecs.

14 — Vase en ivoire, ouvrage indien d'une sculpture très fine.

15 — Deux figurines en ivoire.

16 — Groupe de deux lions en ivoire, travail du xve siècle.

17 — Peigne en ivoire couvert d'ornements exécutés en piqué d'argent, au centre une couronne; il a appartenu à la famille Cornaro.

18 — Beau peigne en ivoire, orné de deux bas reliefs, d'un côté le massacre des Innocents, de l'autre l'adoration des Mages, dans les montants qui soutiennent les dents, on voit la figure de Mercure et celle de Diane.

19 — Grande cuiller en bois ornée de bas-reliefs à sujets de sainteté.

20 — Statuettes en bois peint, la Vierge portant l'Enfant-Jésus.

21 — Calice à couvercle en corne de rhinocéros, orné au pourtour d'un bas-relief, représentant des tritons et des naïades, le couvercle est surmonté d'une figurine d'enfant.

22 — Coffre de mariage du xive siècle, à six pans avec couvercle de forme conique, orné de bas-relief en os représentant l'histoire de la *Toison* d'or, la monture en bois est ornée de marqueterie en ivoire.

OBJETS EN ÉTAIN.

23 — Beau plat et son aiguière entièrement couverts d'arabesques du meilleur style avec médaillons à sujets allégoriques en relief, d'une grande finesse et d'une belle conservation, l'aiguière est munie de son couvercle, ce qui se rencontre rarement.

Ces deux pièces remarquables attribuées à François Briot, ont été figurées dans l'ouvrage de MM. Ch. Nodier et Taylor.

24 — Autre beau plat et son aiguière, décorés d'arabesques et de médaillons avec figures allégoriques, d'un très beau style et d'une grande netteté.

25 — Pot à bière également couvert d'arabesques et orné de trois médaillons avec figures allégoriques.

26 — Grand plat rond dont le bord est orné d'un bas relief représentant Orphée charmant les animaux, ce sujet y est reproduit quatre fois, au centre un médaillon avec un sujet analogue. Travail allemand.

27 — Deux petits plats avec bordures d'arabesques et armoiries au centre.

28 — Deux clichés, sujets mythologiques attribués à Briot.

29 — Un autre du même genre de la plus grande finesse.

ORFÉVRERIE.

30 — Pot à bière en argent doré, de travail allemand, orné de 38 médailles allemandes en argent.

31 — Petite montre à pans du xve siècle, dont la boîte en argent doré est couverte d'arabesques gravées.

32 — Petit nécessaire de dame, composé d'une paire de ciseaux, un canif et deux autres pièces finement ciselées, dans leur étui en cuir.

33 — Plat ovale en cuivre, repoussé argenté.

34 — Cinq petits reliquaires en argent.

OBJETS EN FER.

35 — Deux verrous en fer repoussé, provenant du château d'Écouen, l'un d'eux porte l'écusson royal, le chiffre et les emblêmes d'Henry II et Diane de Poitiers.

36 — Très belle serrure en fer ciselé rehaussé de dorure, ornée de cariatides et d'arabesques, elle est munie de sa clef formée de deux figures chimériques. La serrure porte la date de 1573.

37 — Une clef en fer ciselé découpé à jour avec le chiffre de Charles Ier d'Angleterre.

38 — Une agrafe de ceinturon en fer ciselé, découpé à jour et une chaîne dont les maillons

sont formés des lettres D. C. S, enlacées et répétées 17 fois.

39 — Un coffret en fer, gravé du xvi° siècle, à l'intérieur une serrure très ouvragée.

40 — Un fermoir d'escarcelle en fer ciselé, travail du xvi° siècle.

41 — Très belle plaque en fer repoussé, provenant d'une escarcelle; le bas relief d'une grande finesse, représente le combat de deux chevaliers.

42 — Deux plaques en fer repoussé, damasquinées d'or, sur l'une sont représentés des personnages portant des vases chargés de fruits et sur l'autre des musiciens; travail italien du xvi° siècle.

43 — Grande et belle plaque en fer gravé et doré, représentant le Calvaire, la bordure dont les ornements figurent des entrelacs, offre des cartouches, où sont représentés les quatre Évangélistes et des saints Évêques. Travail italien du xv° siècle.

BRONZES ET DORURES.

44 — Beau groupe d'après Clodion, un satyre et une bacchante.

45 — Deux coupes avec ornements en relief, sur piédestaux en jaune de Sienne.

46 — Statuette de sainte Catherine en bronze doré, sur siège en bois sculpté garni de bronzes dorés, travail italien.

47 — Très beau piédestal carré, ayant presque la forme d'un vase, entièrement couvert d'ornements en relief avec des serpents enlacés, bronze doré, travail italien d'une belle ciselure et d'une grande richesse, remarquable par sa belle exécution, sur socle en serpentine verte.

48 — Beau groupe de trois figures, *Énée, Anchise* et *Ascagne*, bronze ancien à peu près demi-nature, sur socle en marqueterie de Boule, garni de bronzes dorés.

49 — Le Baiser, de Houdon, buste en bronze sur socle en marbre.

50 — Statuette de Vénus sortant du bain, bronze florentin du XVIe siècle, d'une élégance parfaite et d'un fini achevé.

51 — Groupe. Un lion tenant entre ses griffes un crocodile, bronze moderne de Fratin.

52 — Flambeau italien du XVIe siècle, enrichi d'ornements en relief d'un très beau style.

53 — Sonnette chargée d'arabesques en relief, travail italien du XVIe siècle.

54 — Petit mortier, orné de mascarons et de fleurs de lys.

55 — Deux flambeaux du temps de Louis XIII en cuivre repoussé; ils sont à tige carrées et enrichis d'ornements en relief.

56 — Aiguière en cuivre repoussé d'une forme très élégante.

57 — Grand plat rond, couvert d'ornements gravés en creux, travail italien du XVIe siècle.
58 — Très jolie petite pendule du XVIe siècle, de forme carrée, avec pilastres couverts d'arabesques en argent, et surmontée d'une coupole, le cadran en argent émaillé décore la face principale; les autres sont ornées chacune par un médaillon en argent niellé, représentant : l'un, le Lion de Saint-Marc, et les autres des personnages dont les noms sont inscrits au pourtour du médaillon.
59 — Deux petits daims bronzes modernes.
60 — Petite pendule style Louis XV, marbre blanc et bronzes dorés.
61 — Une paire de petits flambeaux, marbre blanc et bronzes en couleur.
62 — Lustre rocaille à dix branches, bronzes en couleur.
63 — Beau lustre de Boule, à dix-huit lumières, en bronze doré.
64 — Une paire de bras, avec figures supportant les deux branches, bronze doré.
65 — Autre paire de bras de même modèle, à trois branches, bronze non doré.
66 — Une paire de feux de Boule, ornés de figures, fleuves et couchés, bronze doré.
67 — Une paire de croissants doubles, à mascarons à muffles de lion, bronze doré.
68 — Deux flambeaux Louis XVI, en cuivre doré.

69 — Bouton de porte du XVI° siècle, buste de femme.
70 — Figurine d'enfant demandant l'aumône dans une coquille, joli bronze du XVI° siècle.
71 — Vénus sortant du bain, bronze du XVI° siècle, très fin.
72 — Groupe de deux figures de femmes allégoriques nues, bronze du XVI° siècle, très gracieux.
73 — Deux vases Médicis d'une forme très pure et d'une exécution soignée.
74 — Un vilbrequin en bronze ciselé du temps de Louis XIII.

VERRERIES DE VENISE ET ALLEMANDES.

75 — Bouteille de forme aplatie, munie de quatre belières de suspension, décoré d'émaux sur fond doré.
76 — Verre sur pied élevé, formé par un dragon chimérique à ailerons en verre vert.
77 — Autre verre, à peu près de même forme, dont le pied est formé de deux dragons enlacés.
78 — Deux vidrecomes allemands, ornés d'armoiries émaillées et portant la date de 1693.
79 — Une coupe sur pied élevé, avec ornements bleus.
80 — Autre coupe, à peu près de même forme, en verre blanc uni.

81 — Une aiguière en verre blanc irisé, de forme très élégante, fabrique de Venise.
82 — Jolie petite coupe à pied élevé, à filigrane blanc.
83 — Un verre en verre vert, le pied formé d'entrelacs.
84 — Un pot à eau à une anse en verre bleu.
85 — Grande et belle coupe, décorée d'émaux sur fond doré.
86 — Autre coupe en verre blanc, décorée d'émaux et de dorure.
87 — Deux verres allemands avec armoiries, émaillés en couleurs et date de 1693.
88 — Belle coupe de Venise à filigrane blanc.
89 — Un gobelet en verre craquelé de Venise, supporté par trois petits pieds.
90 — Petite coupe à deux anses à filigrane de couleur.
91 — Un bol et son plateau en verre agate.
92 — Grand gobelet décoré d'arabesques gravées en creux, doré dans les fonds.
93 — Petite coupe forme ovale, à filigrane de couleur.
94 — Bouteille à long col à filigrane blanc.
95 — Coupe de forme basse à gaudrons en spirale, avec bordure émaillée sur fond doré.
96 — Autre coupe, de forme semblable, avec cotes disposés en rayons.
97 — Coupe basse unie, avec bordure émaillée sur fond doré.

98 — Un plateau orné de gaudrons contournés et d'ornements émaillés sur fond doré.
99 — Autre plateau à filigrane blanc.
100 — Très grande et belle coupe ronde sur pied élevé, décorée d'arabesques de style moresques émaillées en bleu et or, travail vénitien du XV siècle, pièce des plus remarquables par son ancienneté et le style de l'ornementation.
101 — Verre à pied élevé à filigrane blanc.
102 — Un verre allemand.

FAIENCES ITALIENNES.

103 — Béau bas-relief de Lucas della Robbia, à relief émaillé en blanc sur fond bleu, représentant la Vierge en adoration devant l'enfant Jésus. Le cadre en bois sculpté est formé de figures d'anges d'un beau travail.
104 — Grande et belle bouteille de forme aplatie, ornée de peintures représentant d'un côté Actéon, et de l'autre la Fuite d'Énée portant son père; les anses sont formées par des mascarons avec enroulement.
105 — Grand plat rond à peinture représentant des tritons et des naïades.
106 — Autre plat orné d'arabesques avec cartouches au centre, représentant la Foi, l'Espérance et la Charité.

107 — Autre plat rond, sujet tiré de l'Ancien Testament.
108 — Belle aiguière à couvercle fixe avec son plateau, décorée d'arabesques du plus beau style. L'anse est formée par deux serpents, et le goulot par un mascaron surmonté d'une grenouille en relief.
109 — Joli petit plat rond, entièrement couvert d'arabesques ; au centre, Lucrèce se donnant la mort.
110 — Autre beau plat, de même proportion et du même style.
111 — Joli plateau rond ; sur le bord est représenté un sujet tiré de la Mythologie ; au centre, une armoirie accolée de deux anges.
112 — Grand plat rond décoré de trois rangées d'arabesques ; au centre, un médaillon où est représenté *Mucius Scevola*.
113 — Grand plat rond à ombilique décoré d'arabesques et armoirie de Médicis, avec date de 1621.
114 — Plat creux avec arabesques d'un beau style ; au centre, Neptune sur des dauphins.
115 — Plat rond orné de peinture très fine.
116 — Beau plat avec peinture, sujet tiré de l'Histoire romaine.
117 — Petit plat creux avec sujet tiré de la Fable.
118 — Petit plat creux orné d'arabesques grisaille sur fond bleu ; au centre, une tête d'homme.

119 — Deux petites assiettes décorées d'armoiries et d'arabesques.
120 — Plateau représentant la mort d'Achille.
121 — Un plat creux avec peinture représentant un sujet mythologique.
122 — Petit plat à sujet tiré de l'Histoire romaine.
123 — Coupe festonnée décorée d'arabesques de couleur variées sur fond bleu ; au centre, l'Amour portant un panier de fruit.
124 — Petit plat avec arabesques à reflets métalliques.
125 — Assiette fond bleu, décorée de figures d'enfants et d'arabesques du plus beau style.
126 — Grand plat de style mauresque, couvert d'ornements émaillés en bleu et en jaune à reflets métalliques ; au centre une armoirie.
127 — Autre plat du même style, à reflets métalliques ; un griffon occupe le champ du plat, on distingue des caractères arabes dans la bordure.
128 — Autre grand plat de même fabrique ; au centre un écusson armoirié, et au revers un aigle qui occupe tout le champ. Ces trois belles pièces sont de la fabrique d'Urbino.

FAIENCE DE BERNARD PALISSY.

129 — Grand plat ovale, avec poissons, grenouilles et coquillages, en relief, très bel émail.

130 — Autre plat ; au centre une anguille entourée de poissons, coquillages et feuillages.
131 — Petit plat, à reptiles et coquillages, sur fond gris bleuâtre.
132 — Grand plat ovale à reptiles et coquillages.
133 — Petit plat : le sacrifice d'Abraham, avec jolie bordure d'arabesques.
134 — Plat rond : Persée coupant la tête de Méduse.

FAÏENCES DE ROUEN ET DE NEVERS.

135 — Belle aiguière à dessins bleus sur fond blanc, de forme très élégante.
136 — Deux vases à longs cols, décorés de fleurs de couleurs.
137 — Deux autres vases laqués en rouge, à l'imitation de Chine.
138 — Plat rond, sujet tiré du Nouveau-Testament.
139 — Une corbeille découpée à jour, avec sujets chinois.

GRÈS DE FLANDRE.

140 — Belle cruche de forme aplatie, ornée de deux rosaces en relief avec mascaron, émaillée en bleu sur fond gris.
141 — Bouteille avec ornements en relief, émaillée en bleu.
142 — Cruche en grès brun, les sept électeurs palatins avec leurs armoiries.

143 — Autre cruche; au pourtour un bas-relief représentant des sujets de l'Ancien-Testament, portant la date de 1583.
144 — Petite cruche en grès gris, représentant la pucelle d'Orléans, avec écusson armoirié, et la date de 1590.
145 — Cruche de forme basse, en grès brun, émaillée en couleur, représentant les douze apôtres, date de 1663.

ÉMAUX DE LIMOGES.

146 — Très beau hannap à peintures grisailles, représentant l'histoire de Diane et d'Actéon et le triomphe de Bacchus; le reste du vase est décoré de guirlandes de fruits et d'arabesques rehaussés d'or. Cette pièce remarquable est signée P. R., monogramme de Pierre Remond.
147 — Coupe à pied élevé, à peinture grisaille; à l'intérieur un sujet tiré de la Fable; l'extérieur décoré de guirlandes de fruits et de mascarons. Signé P. R.
148 — Autre coupe à peinture grisaille, portant la date de 1554. Même signature.
149 — Plateau à peinture grisaille, représentant les attributs de la guerre; au centre une armoirie en couleur. Signé Laudin.
150 — Portrait d'homme en costume du temps de Henri II. Signé I. L.; date de 1542. Peinture fine et très bien conservée.

151 — Le portrait de Saint-Pierre, peinture grisaille, cadre en bois sculpté et doré.
152 — Peinture grisaille, représentant une bataille d'Alexandre. Plaque carré long.
153 — Peinture coloriée, représentant le triomphe de Diane. Plaque carré long.
154 — Crosse d'évêque en émail bysantin, du XIV° siècle; elle est ornée d'une figure en relief et dorée, et munie de sa hampe en cuivre.
155 — Croix italienne du XVI° siècle, avec Christ, ornée de plaques en argent, à dessins champ-levés et émaillés, dans les fonds la monture en cuivre repoussé et doré est enrichie de pierreries.
156 — Une coupe à peinture grisaille; à l'intérieur le portrait de Charles-Quint.
157 — Deux plaques de triptyque, peintures coloriées et à paillons, d'une belle conservation, dans un cadre en bois noir.
158 — Petites plaques ovales, arabesques.
158 bis. — Médaillon rond, Hérodias et Hérole. Peinture coloriée et à paillon; bel émail du XVI° siècle.
159 — Une aiguière et son plateau, de style oriental, ornés d'arabesques en or, sur fond bleu et blanc, émail vénitien du XVI° siècle.
160 — Une aiguière et son plateau, forme coquille, en émail de Chine, décorée de fleurs.
161 — Un gobelet à pied, décoré de fleurs et d'animaux chimériques, sur fond bleu.

PORCELAINES DIVERSES.

162 - Deux grands vases en porcelaine de Chine, riches de décors, à médaillons de mandarins et de fleurs; richement montés en bronze doré.

163 — Un vase céladon vert d'eau, à dessins, blanc. Très belle qualité ancienne, sur pied rocaille, en bronze doré.

164 — Deux vases à couvercle bleu clair, décoré de fleurs et de cartouches à paysages et fleurs.

165 — Aiguière en porcelaine du Japon, décorée de fleurs.

166 — Deux cornets décorés de fleurs.

167 — Deux petites bouteilles en porcelaine de Chine.

168 — Deux vases à mandarins, fond rouge.

169 — Deux petites potiches en porcelaine du Japon.

170 — Deux vases en porcelaine de Chine, à longs cols, à dessins, bleus.

171 — Un baril en porcelaine de Chine, à dessins, bleu.

172 — Petit cornet à dessins bleu sur fond d'or, monté en bronze doré.

173 — Deux porte-allumettes à dessins à jour, avec figures en relief.

174 — Un petit vase à couvercle avec ornements disposés en spirale bleu, rouge et blanc.

175 — Un grand vase potiche du Japon, décoré de fleurs.
176 — Un grand plat en porcelaine du Japon, décoré de fleurs.
177 — Deux vases à couvercle, fond blanc, à dessins, bleu.
178 — Un vase à couvercle, fond rouge, décoré de fleurs.
179 — Une grande potiche à pans avec couvercle, du Japon, décoré de fleurs.
180 — Un gros vase bleu uni avec couvercle à charnière.
181 — Un autre vase à peu près de même forme, à dessins, bleu sur fond blanc.
182 — Un grand vase forme bouteille, à dessins, bleu sur fond blanc.
183 — Un vase forme gourde, porcelaine céladon vert, à dessins, gauffré, ancienne qualité.
184 — Deux vases, pot-pourri céladon gauffré, monture rocaille en bronze doré, porcelaine de Chantilly.
185 — Deux vases en porcelaine de Chine à mandarins, montés en bronze doré.
186 — Deux gros vases à couvercles avec charnières en cuivre, en porcelaine de Chine, bleu uni.
187 — Une tasse et soucoupe en porcelaine de Sèvres, fond bleu lapis, médaillon d'oiseaux.
188 — Figurine d'enfant à tête mobile, en porcelaine de Saxe.

189 — Deux bas-reliefs en biscuit de Sèvres, blanc sur fond bleu, représentant l'offrande à l'amour et l'hyménée. Bordure en bois d'acajou ornée de cuivre doré.

190 — Groupe de trois jeunes paysans, en biscuit tendre de Sèvres.

OBJETS DIVERS.

191 — Reliquaire en bois d'ébène, avec ornements en argent repoussés et découpés à jour; au centre une peinture sur écaille, représentant la Vierge, l'enfant Jésus et des anges.

192 — Beau missel de la fin du xve siècle, orné de vignettes; dix-neuf pages offrent chacune trois miniatures; le calendrier a, à chaque feuille, une miniature représentant un sujet qui caractérise chaque mois de l'année, ainsi que le signe du zodiaque qui y correspond; le mois de janvier manque.

193 — Trois autres missels, ornés de miniatures et de vignettes.

194 — Un très beau jeu de trictrac en bois marqueté d'ivoire; travail italien du xvie siècle.

195 — Paix en cuivre doré, ornée d'un bas relief en argent, sur fond d'émail bleu.

196 — Autre paix en cuivre doré, enrichie de

pierreries ; au centre, un petit bas relief en bois. La descente de croix.

197 — Coffre en marqueterie de nacre de perle et de corne coloriée sur fond cuivre ; sujets chinois, garniture en argent.

198 — Jeu d'échecs dont toutes les pièces sont en lave (marbre de Florence).

199 — Coupe en cristal de roche, sur pied en argent, formé par un dauphin.

200 — Bouteille de ouka oriental en métal, avec ornements en argent.

201 — Deux coquilles du genre triton, dont les montures en cuivre repoussé et doré figurent des oiseaux, espèce de grues.

202 — Coffre de mariage en marqueterie de bois, avec garniture en cuivre doré du temps de Louis XIV.

203 — Petit service en faïence de Naples, imitation de vases étrusques.

204 — Deux beaux cadres en bois sculpté et doré, surmontés des armes du roi Stanislas de Pologne.

205 — Autre beau cadre en bois sculpté et doré.

206 — Onze médailles en bronze, des XVIe et XVIIe siècles.

207 — Boîte renfermant 130 médailles en bronze, à fleurs de coin, dont 127 composant la collection des grands hommes français et la série numismatique des hommes illustres de tous les pays.

208 — Réduction du tombeau de Scipion ; travail finement exécuté en marbre.
209 — Jolie aiguière orientale en cuivre repoussé et doré, enrichie d'émaux.
210 — Grand vase à parfum, en bronze chinois.
211 — Deux autres vases chinois en bronze.
212 — Cuiller, fourchette et couteau, dont les manches sont en fer couvert d'arabesques damasquinés d'or, travail italien d'une grande finesse.
213 — Peinture grecque bisantine, sur bois ; l'Annonciation de la Vierge.
214 — Bas relief en cire ; le combat des Amazones.
215 — Beau bas-relief en pierre lithographique, représentant le calvaire ; composition d'un grand nombre de figures. Dans le fond, on aperçoit la ville de Jérusalem et plusieurs épisodes de la vie de Notre-Seigneur ; travail allemand du xvi⁰ siècle, attribué à Vander Mullen, en 1515, ainsi que l'indique une note fixée au revers.

ARMES ET ARMURES.

216 — Beau casque du xvi⁰ siècle, en fer repoussé, orné de bas-reliefs, représentant Neptune sur son char, traîné par des chevaux marins. Le cimier offre quatre fleuves, et au centre, un médaillon avec la louve allaitant Romulus et Rémus.

217 — Très beau casque à oreillons, en fer repoussé et doré, représentant, sur deux médaillons, des combats; sur les oreillons, Mars et Minerve; sur le derrière du casque, deux nations enchaînées. Le cimier est surmonté d'un dragon à ailes déployées; sur le devant, une figure représentant la victoire.

218 — Un heaume espagnol à visière articulée, richement gravé.

219 — Bourguignotte allemande, gravure fine.

220 — Bouclier ovale du xvi° siècle, en fer repoussé, avec tête de Méduse au centre, entouré d'un rayon à gaudron; la bordure est avec ornements ciselés en relief.

221 — Un devant de cuirasse, gravé de la fin du xvi° siècle.

222 — Devant et derrière de selle allemande, du xvi° siècle, avec gravures riches dorées.

223 — Belle épée allemande du xvi° siècle; la monture et le pommeau noir découpés à jour.

224 — Autre épée allemande du même genre; le pommeau à gaudrons.

225 — Belle épée allemande, damasquinée d'argent; le pommeau est formé d'une tête casquée.

226 — Très belle épée et sa dague; les montures sont richement ornées d'ornements en argent de rapport.

227 — Epée espagnole et sa dague, dite main

gauche ; les montures sont en acier ciselé, découpé à jour.

228 — Autre épée espagnole, avec coquille richement ciselée ; belle lame flamboyante.

229 — Autre épée avec coquille à gaudrons.

230 — Epée italienne à monture double, formée de branches fines en fer doré.

231 — Epée de combat à lame triangulaire, dite Bondeville, avec coquille et pommeau en fer gravé.

232 — Belle paire de pistolets italiens à rouet, du XVIIe siècle, de Lazarino Cominaza, avec garnitures en acier ciselé et gravé, découpé à jour.

233 — Très beau pistolet à rouet, du XVIe siècle, la platine, le canon et la garniture de la monture, en fer richement ciselé et doré ; la monture est en outre ornée d'appliques en corne de cerf sculptée en relief. Cette arme se recommande par sa richesse et son beau style.

234 — Un pistolet à silex ; monture et platine en acier ciselé et gravé.

235 — Très belle dague du XVIe siècle, la monture et la garniture du fourreau en fer ciselé et damasquiné d'or et d'argent ; poignée à damier en fil de fer, et lamée d'argent et cuivre ; belle lame striée à jour sur toutes les faces.

236 — Dague dite miséricorde ; monture en fer, lame quatre quarts.

237 — Dague, monture en ivoire, poignée à colonne torse, surmontée d'un buste casqué, croisette avec deux lions.

238 — Forte dague vénitienne, dite langue de bœuf, monture et garniture en fer gravé et doré, avec buste et armoiries de Charles-Quint, niellés.

239 — Petite dague miséricorde, monture en fer ciselé représentant des singes, lame triangulaire.

240 — Couteau de chasse dit bayonnette, poignée ivoire garnie argent.

241 — Stylet italien avec poignée formée de rondelles de cornes et de cuivre alternées.

242 — Couteau espagnol, manche en corne garni de cuivre, lame avec inscriptions.

243 — Couteau espagnol, manche en corne.

244 — Deux petits couteaux à manche en fer ciselé dans leur étui en fer ciselé.

245 — Un petit couteau à manche en fer ciselé, avec deux plaques en nacre de perle.

246 — Un couteau lame avec douille damasquinée d'argent, poignée en agate.

247 — Platine double de fusil espagnol d'un travail curieux par la ciselure.

248 — Deux clefs d'armes à rouet dont une ciselée, l'autre damasquinée d'argent.

249 — Bel éperon du xvi° siècle, en bronze doré.

250 — Deux éperons de même forme, du xvi° siècle, l'un en fer, l'autre en bronze.

251 — Une paire d'éperons du temps de Louis XIII, avec des incrustations en cuivre.
252 — Bel étrier du XVI° siècle, richement damasquiné d'or et d'argent.
253 — Un mors espagnol en fer ciselé, découpé à jour.

AMES ET ARMURES.

*ne faisant pas partie du cabinet de M. Grisson, appartenant à M. ***

254 — Carabine allemande à rouet, platine gravée, monture en bois érable, canon richement damasquiné or.
255 — Carabine d° platine gravée, monture enrichie d'incrustation en ivoire gravé.
256 — Carabine du même genre.
257 — Fusil ou mousquet allemand, platine à rouet monture enrichie d'ornement en nacre de perle.
258 — Fusil ou mousquet platine à rouet dit poitrinale, la monture ornée en ivoire, gravé aux armes de Bourgogne.
259 — D° semblable.
260 — Mousquet de rempart, platine à rouet, monture unie.
261 — Carabine ou arquebuse, platine à rouet gravé, la monture à pied de biche richement ornée d'incrustation en ivoire gravé et de nacre de perle.

262 — Carabine d° même genre.
263 — Carabine d°   d°   plus simple.
264 — Hache à marteau formant pistolet, platine à silex, monture riche d'incrustations en ivoire.
265 — Hache semblable.
266 — Pistolet allemand, platine à rouet, monture noire à boule avec filets en cuivre.
267 — Pistolet d° de forme différente.
268 — Grenadière allemande, platine à rouet, canon en cuivre.
269 —   d° canon en fer.
270 — Fusil à quatre coups et une seule platine.
271 — Paire de pistolets allemands aux armes d'Autriche, montures en ivoire, canons enrichis d'ornements en argent de rapport.
272 — Fusil indien à mèche de Delhy, canon damasquiné or, la monture laqué doré.
273 — Fusil afghan, platine à silex, canon en damas damasquiné or, la monture enrichie d'une garniture en argent émaillé.
274 — Une ceinture indienne de Lohore garnie de trois cartouchières et d'une poire à poudre ornée de galon or.
274 bis — Un sabre turc, lame damas, fourreau et monture richement ciselés.
275 — Une bouteille à poudre et sa chargette arabe, garnie en argent ciselé.
276 — Deux lames d'épée à deux mains et une hallebarde sans hampe.

277 — Très beau chanfrein gravé et doré aux armes d'Espagne.
278 — Beau demi-chanfrein, gravé et doré aux armes d'Autriche.
279 — Armure allemande de fantassin, gravée sur bandes blanches fond noir.
280 — Deux brassards et deux cuissards d'armure.

MEUBLES.

SALLE A MANGER.

280 bis. — Deux jolis dressoirs en bois de chêne sculpté de style flamand, fermant chacun à deux ventaux avec tiroir au-dessus, et surmontés d'étagères à balustres sculptés.
281 — Grand dressoir demi circulaire en bois de chêne sculpté, fermant à trois ventaux avec étagères au-dessus, soutenues par des colonnes torses.
282 — Crédence en bois de noyer, du XVI° siècle, dont les portes et les moulures sont décorées d'arabesques finement sculptées ; les pieds sont formés par des cariatides ailées.
283 — Galerie à balustres, séparant la salle à manger en deux parties.
284 — Douze chaises en bois de chêne sculpté, style renaissance, garnies en drap à dessins imprimés, imitant la tapisserie.

285 — Glace avec cadre en bois noir guilloché, ornée d'écoinçons sculptés et dorés.
286 — Table à manger, munie de trois rallonges en bois de chêne sculpté; les pieds sont d'une grande richesse.
287 — Grande tenture en cuir à dessins gauffrés et doré sur fond vert d'eau.
288 — Quatre rideaux en lampas rouge à dessins blancs et verts, doublés en brocatelle jaune à dessins blancs.
289 — Deux autres rideaux en brocatelle à dessins rouges et blancs, doublés en soie rouge.
290 — Grande armoire en bois de noyer sculpté, fermant à deux ventaux, ornés de colonnes avec frontons, et de mascarons; travail allemand du temps de Louis XIII.
291 — Très belle chaise à dossier élevé, du temps de François Ier; le dossier est formé d'un beau panneau avec pilastres de chaque côté, ornés d'arabesques du plus beau style et d'une exécution remarquable, surmonté d'un fronton.
292 — Autre chaise à dossier élevé, panneau à sculpture gothique, surmonté d'une galerie à jour.

SALON.

293 — Beau meuble à trois portes en marqueterie de Boule, première partie, sur écaille noire, richement garni de bronze doré.

294 — Grande pendule de bureau avec casier, marqueterie de trois parties, garnies de bronze doré, du temps de Louis XIV.

295 — Deux petits meubles à hauteur d'appui, en marqueterie de Boule, sur écaille rouge, garnis de bronze doré.

296 — Une console du temps de Louis XIV, en bois sculpté et doré; tablette en marbre blanc.

297 — Trois grands fauteuils en bois sculpté et doré, réchampis en noir, garnis en étoffe de soie verte.

298 — Un grand guéridon en bois de placage, richement garni de bronze doré; tablette évidée en marbre blanc.

299 — Quatre chaises en palissandre.

300 — Un grand et beau cartel en bois sculpté et doré, imitant parfaitement le bronze doré.

301 — Une belle glace de Venise avec riche encadrement en bois et glaces; la sculpture découpée à jour, est d'une grande délicatesse et du plus beau travail.

302 — Une autre glace à fronton en bois sculpté et doré.

303 — Un piano en marqueterie de Boule, garni richement en bronze doré.

CHAMBRE A COUCHER.

304 — Grand et magnifique lit en bois sculpté du XVIe siècle, formé par quatre cariatides

se terminant en gaines ornées de mascarons et de guirlandes de fruits, supportant une belle corniche très riche d'ornements finement sculptés; la frise du bas de la plus grande richesse, offre en bas-reliefs des figures allégoriques couchées, des guirlandes et des mascarons; elle est supportée par quatre lions de ronde bosse. Le dossier est surmonté d'un riche fronton avec figure.

Ce lit est l'un des plus remarquables que l'on connaisse, tant par la richesse que par le style des sculptures qui le décorent; il est garni de ses rideaux en brocatelle verte et jaune à grands dessins. Un dais garni en même étoffe est placé au-dessus de la corniche. Ce lit est placé sur une estrade en velours rouge.

305 — Grande et belle armoire gothique, fermant à trois ventaux à panneaux sculptés et découpés à jour, du plus beau style; alternés par autant de montants supportant des figurines et des clochetons; les panneaux de côté sont couverts en plein de fleurs de lys.

306 — Grande pendule en marqueterie de Boule, sur écaille noire, richement garnie de bronze, elle est munie de sa console.

307 — Pendule dite à la religieuse ornée de deux colonnes, en marqueterie de trois parties.

308 — Prie-Dieu en bois de noyer sculpté, avec

dorures ; le bas relief du fond représente l'Adoration des mages, il est garni d'un coussin en velours.

309 — Très belle chaise vénitienne ornée de cariatides et de sculptures rehaussées d'or, du XVIe siècle.

310 — Petit fauteuil d'enfant en bois sculpté, les pieds à colonnes torses.

311 — Deux torchères en bois formées par des figures d'enfants placées sur des trépieds et portant des plateaux.

312 — Grand siége du XVIe siècle, dont le dossier élevé est orné d'un bas relief représentant l'Annonciation.

313 — Gaîne à fusil du XVIe siècle, dont la porte est ornée d'un bas relief représentant une figure de génie tenant un casque.

314 — Bahut du temps de Louis XII, décorés d'arabesques d'une bonne exécution.

315 — Cheminée avec son parquet, glace en bois sculpté, ornée de cariatides, de colonnes, de mascarons et de guirlandes de fruits finement sculptés, elle est en outre enrichie de plaques en émail de Limoges du plus beau style.

316 — Meuble à deux corps, fermant à quatre venteaux ornés de bas reliefs, représentant des sujets mythologiques.

217 — Grand dressoir de style flamand, en bois sculpté.

318 — Grand siége à dossier élevé, orné d'un riche

panneau d'arabesques du plus beau style, et d'une exécution parfaite, avec cariatides de chaque côté ; les bras sont ornés de mufles de lions, le siége est en forme de console.

319 — Belle table de milieu en bois de noyer, le pied est formé de trois cariatides placées trois à trois à chaque extrémité, avec galerie d'entrejambes formée d'enroulements sculptés d'un beau style.

320 — Petite table à pieds torses et frise sculptée.

321 — Deux chaises à dossiers sculptés et découpés à jour, garnies en étoffe persanne brodée en soie.

322 — Deux autres chaises à peu près semblables garnies en brocatelle.

323 — Table du temps de Louis XIII, en bois de noyer, ornée de tourillons.

324 — Grand fauteuil en bois sculpté, du même style que les chaises précédentes, garni en brocatelle.

325 — Galerie à balustres placée en avant du lit.

326 — Très beau soufflet italien du XVIe siècle, orné de belles sculptures rehaussées d'or, le bout en bronze est orné de cariatides.

327 — Glace de Venise, avec cadre riche en cuivre, repoussé et découpé à jour, sur fond noir.

328 — Grande portière en velours de soie cramoisi, avec riches ornements découpés et brodés, travail de Gênes.

329 — Un couvre-pied en velours de même travail.
330 — Deux tentures de cuir, gauffrées et dorées, l'une fond rouge, l'autre fond vert.
331 — Un tabouret de pieds en bois sculpté, couvert en étoffe de soie.
332 — Environ vingt mètres de lambris, formé de panneaux en bois de chêne sculpté.
333 — Deux petits oreillers couverts en guipure et damas.
334 — Deux grandes croisées garnies chacune de dix vitraux coloriés, et grisaille avec châssis en fer, qui seront vendus par lots.
335 — Deux petites lanternes avec monture en fer.

CHAMBRE DU FOND.

336 — Un lot de coupons en velours de Gênes.
337 — Un lit en bois de noyer sculpté à quatre colonnes canelées, supportant une corniche sculptée; le dossier est orné d'un bas relief surmonté d'un fronton.
338 — Un petit dressoir en bois sculpté, le bas formant armoire à deux ventaux, et tiroirs au-dessous, ornés de sculptures fines.
339 — Un lot de divers débris en bois sculpté.
340 — Un petit casier en bois de placage, du temps de Louis XIV.

341 — Quatre chaises en bois doré de Venise, garnies en étoffe.
342 — Un bahut gothique en bois de noyer richement sculpté.
343 — Un petit tapis en tapisserie, avec fond en jaie blanc et jaune.
344 — Un lot de coupons d'ornements en velours découpé.
345 — Un couvre-pieds en guipure, avec pente également en guipure.
346 — Deux portières en tapisserie de soie et lin à grands personnages, fleurs et oiseaux.
347 — Un couvre-pieds en tapisserie de soie, à grands ramages bleus et blancs.
348 — Trois vitraux en grisailles.

TABLEAUX, DESSINS ET ESTAMPES

Qui seront vendus dans la vacation du Mercredi 20 Mars.

TABLEAUX ANCIENS.

FRANÇOIS SNEYDERS.

349 — Intérieur de cuisine on y remarque du poisson de toute espèce, posé sur une table, deux hommes se voient à droite dont l'un a un poisson accroché à un bâton. Ce tableau est très remarquable par la manière large et savante de l'exécution, il peut orner dignement une grande galerie ou un musée.

LARGILLIERE.

350 — Portrait d'Emmanuel III, né en 1701 mort en 1748, monté sur le trône de Sardaigne en 1730. Il est représenté de grandeur naturelle et vu jusqu'aux genoux.

GONZALÈS COQUES.

351 — Un personnage hollandais de distinction, il est représenté en pied appuyé près d'une colonne.

Bon tableau sur cuivre.

ÉCOLE ALLEMANDE.

352 — Portrait de *Raymondus de Sangro princeps sancti Severi*. Peint sur cuivre d'une exécution très soignée.

TERBURG (attribué à).

353 — Portrait d'un amiral hollandais.

HOLBEIN (attribué à Hans).

354 — Portrait d'un jeune homme présumer celui du peintre. Joli petit portrait peint sur bois.

LÉONI dit le PADOUAN.

355 — Portrait d'un médecin.

CARLO DOLCI (attribué à).

356 — La Vierge.

MARC RICCI.

357 — Portrait de la fille du peintre.

ÉCOLE ITALIENNE.

358 — Moine italien.

TINTORET (École du).

359 — Tête de vieillard.

SIMONINI.

360 — Cavaliers et fantassins. Deux tableaux.

GUIDO RENI (Ecole de).

361 — Sainte-Vierge tenant l'Enfant-Jésus.
362 — Saint-Joseph ; il tient l'Enfant-Jésus dans ses bras.

HUYSMANS DE MALINES.

363 — Paysage avec figures.

VALLAERT 1810.

364 — Marines dans le goût de Vernet. Deux tableaux faisant pendant.

HUBERT ROBERT.

365 — Deux tableaux représentant des monuments et ruines.

ECOLE FRANÇAISE.

366 — La Nativité.

MICHEL ANGE DU CARAVAGE (Ecole de).

367 — Le Sacrifice d'Abraham.

ZOCCHI.

368 — Une Marine.

JACQUES COURTOIS dit le BOURGUIGNON.

369 — Batailles. Deux bons tableaux.

DOMINIQUE TIEPOLO.

370 — Saint-Jérôme.

CASTEL FRANCO dit le GIORGION.

371 — Tête de guerrier.

CALLOT (dans le goût de).

372 — Un mendiant.

TINTORET.

373 — Martyre de Saint-Laurent. Esquisse sur panneau.

WEENIX (d'après).

374 — Copie du tableau du musée sous le n° 797.

VALLIN.

375 — Une Bacchante.

ECOLE ITALIENNE.

376 — Portrait d'homme.

ECOLE FRANÇAISE.

377 — Portrait de Murat. Esquisse.

TABLEAUX ET DESSINS MODERNES.

M. DECAMPS.

378 — Chasse au Marais. Signé Decamps.
380 — Chasse au tir. Ce tableau fait le pendant du précédent.

LEOPOLD ROBERT.

381 — Précieuse étude à l'aquarelle de la tête de l'italienne qui tient un enfant, qui se voit dans le tableau des Moissonneurs. On lit sur le bord du corsage de la robe : *L. Robert, 1830.*

M. YVON.

382 — Les neuf muses. Neuf beaux dessins coloriés, d'un très beau caractère, ils sont réunis dans trois cadres; ils ont été exposés au Salon de 1849.

GRANET.

383 — Intérieur d'une galerie d'un couvent de religieuses. Aquarelle.

M. SCHNETZ, à Rome.

384 — Costumes romains. Un moine descend un escalier et va aider à mettre un panier

de fruits sur la tête d'une jeune femme qui est suivie d'un jeune garçon. Jolie aquarelle.

M. VIANELLA, 1832.

385 — Intérieur de l'église Saint-Jacques et Saint-Mathieu à Salerne. Dessin à la sépia.

386 — Vue en Sicile, dessin à la sépia. Pendant du précédent.

387 — Vue prise sur la route de Pausilype, près Naples. Aquarelle. Dans une bordure ancienne, sculptée en bois avec couronnement.

WILLIAM HOUISSELIER, Naples, 1815.

388 — Souvenir de Constantinople. Au premier plan du dessin une femme turque. Aquarelle.

MIGLIARA, 1811.

389 — Vue du dôme de Milan. Aquarelle précieusement terminée.

390 — Vue de la Chartreuse de Pavie. Aquarelle. Pendant de la précédente.

GIGANTE.

391 — La grotte d'Azur à Viattano. Aquarelle.

PINELLI, 1830.

392 — Transtévériens jouant à la morra. Aquarelle.

MINIATURES.

393 — Vénus et les amours, et Vénus et Adonis, d'après les peintures antiques trouvées à la villa Antonin le pieux, à Rome. Ces deux miniatures dans des cadres sculptés en bois avec des rinceaux d'ornements enlacés de guirlandes de roses.

CARESME, 1779.

394 — Faunes et bacchantes. Aquarelles.
395 — Vues du Vésuve. Deux gouaches napolitaines.
396 — Deux petites gouaches. Marines.

ESTAMPES.

397 — L'œuvre de Salvator Rosa. Gravée à l'eau forte.
398 — Raphaël et la Fornarina, d'après Raphaël. La Madone au sac, d'après André del Sarte. Trois estampes, par Raphaël Morghen.

399 — Le serment du jeu de paume, d'après David, par *Jazet*.
400 — Villoria d'Albano, d'après M. Horace Vernet, par M. *Cousins*.
401 — Le grand plan de Rome en 12 feuilles, et les trois vues de Saint-Pierre de Rome, par *Vasi*.
402 — Un portefeuille contenant des vues de Rome, de Venise, deux cahiers des loges et des chambres du Vatican, des costumes et autres souvenirs d'Italie. Cet article sera divisé.
403 — Douze vues de Rome à l'eau forte, par *Gigante*.
404 — Plusieurs sujets militaires, des chasses, des courses, gravées d'après C. Vernet et M. Horace Vernet, par M. *Jazet*, seront divisés sous ce numéro.
405 — Le cheval sauvage, gravé d'après C. Vernet, par *Dubucourt*.
406 — Tous les articles omis.

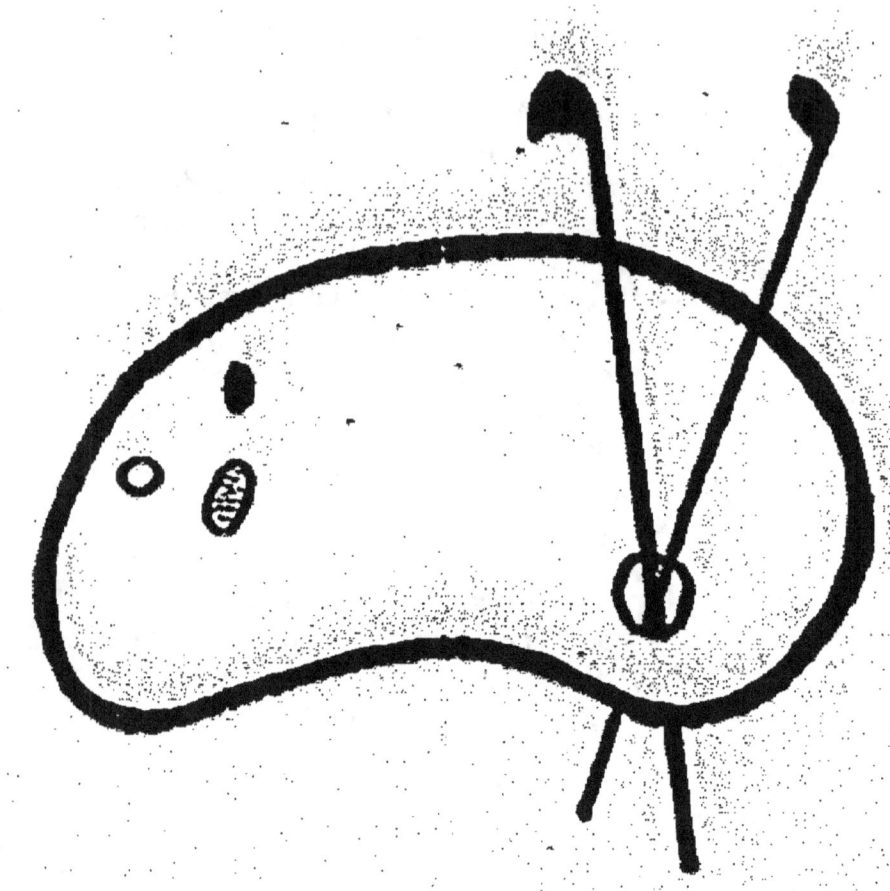

www.ingramcontent.com/pod-product-compliance
Lightning Source LLC
Chambersburg PA
CBHW030055230526
45471CB00003B/1107